Rainer Fieselmann

Zollernalb

Sonnendurchflutete Birkenallee bei Haigerloch-Owingen

Avenue of birch trees flooded by sunlight, near Haigerloch-Owingen

Allée de bouleaux baignée de soleil près de Haigerloch-Owingen

Rainer Fieselmann

Zollernalb

Text von · Text by · Texte de
Karin Gessler

Deutsch · English · Français

Lochenstein, Hörnle und Gräbelesberg zählen zu den höchsten Erhebungen der Schwäbischen Alb.

The Lochenstein, Hörnle and Gräbelesberg are among the highest mountains of the Swabian Alb.

Le Lochenstein, le Hörnle et le Gräbelesberg comptent parmi les plus hautes montagnes du Jura souabe.

Am markanten Felsen des Lochenstein fällt der weiße Jura steil ab.

On the bold rocks of the Lochenstein the white Jurassic drops steeply.

A la hauteur du spectaculaire rocher du Lochenstein, le Jura blanc descend en pente abrupte.

Mehrere Serpentinen sind nötig, um den Albtrauf am Lochenstein zu bezwingen.

Many sharp bends in the road have to be overcome to reach the top of the Alb scarp at Lochenstein.

Près du Lochenstein, il faut franchir plusieurs lacets avant de pouvoir triompher du Albtrauf.

Der Plettenberg gehört mit seinen 1002 Metern zu den höchsten Bergen der Alb. Kein Wunder, dass man sich nach dem Aufstieg erst einmal erholen und stärken muss.

At a height of 1,002 metres, the Plettenberg is one of the highest mountains of the Alb. No wonder, then, that once the summit has been gained, a break and refreshments are needed!

Le Plettenberg (1002 m) est un des plus hauts sommets du Jura. Pas étonnant qu'il faille se reposer pour reprendre des forces après la montée.

Eine Schafherde lässt es sich am Fuß des Fernmeldeturms auf dem Plettenberg schmecken.

A flock of sheep enjoying a tasty graze at the foot of the telecommunications tower on the Plettenberg.

Un troupeau de moutons se délecte au pied du relais des télécommunications du Plettenberg.

Umfangreicher Kalkabbau hat das Hochplateau des Plettenbergs ausgehöhlt.

Extensive limestone quarrying has hollowed out the high plateau of the Plettenberg.

L'extraction intensive du calcaire a évidé le haut plateau du Plettenberg.

Das abgebaute Gestein wird mit einer Seilbahn direkt zum Zementwerk in Dotternhausen transportiert.

Rock from the quarry is transported directly to the cement works in Dotternhausen by cable railway.

La roche extraite est directement transportée à la cimenterie de Dotternhausen par funiculaire.

Die ausgedehnten Anlagen des Dotternhausener Zementwerks, das zum Schweizer Baustoffkonzern Holcim gehört

The vast grounds of the Dottern-hausen cement works, belonging to the Swiss construction material company Holcim

L'étendue des installations de la cimenterie de Dotternhausen, propriété de l'entreprise de maté-riaux de construction suisse Holcim

Beim Abbau des Kalksteins kommen noch ganz andere Schätze zu Tage: Versteinerungen wie dieser Ammonit belegen das ehemalige Leben im Jurameer vor 180 Millionen Jahren.

During limestone quarrying treasure of a very different kind comes to light: Fossils, such as this ammonite, are evidence of the early existence of life in the Jurassic sea 180 million years ago.

L'extraction de la roche calcaire dévoile parfois d'autres trésors : les fossiles, comme cette ammonite, témoignent de la vie dans la Mer jurassique, il y a 180 millions d'années.

Schömberg im oberen Schlichemtal. Der Schlichemstausee, eine Seltenheit auf der wasserarmen Alb, lädt zum Verweilen ein.

Schömberg in the upper Schlichem Valley. A rare sight on the Alb, a region which is short of water: The Schlichem artificial lake invites visitors to stop for a while.

Schömberg, dans la haute vallée du Schlichem. La retenue du Schlichem – une rareté dans ce Jura pauvre en eau – invite à s'arrêter.

Zur Fasnet tanzen in Schömberg 700 Narren die traditionelle Polonaise: Fuchswadel und Fransennarr.

During carnival 700 fools dance the traditional polonaise in Schömberg— carnival fools such as the Fuchswadel and the so-called Fransennarr.

Pendant le carnaval, 700 fous dansent la traditionnelle polonaise à Schömberg : ici le « Fuchswadel » et là, le « Fransennarr ».

Nebel hüllt Wiesen und Bäume am Albrand ein.

Meadows and trees wrapped in fog at the edge of the Alb

Prairies et arbres noyés dans le brouillard à la lisière du Jura

Blick von Engstlatt nach Balingen, im Hintergrund der Fernmeldeturm auf dem Plettenberg

View from Engstlatt to Balingen, in the background the telecommunications tower on the Plettenberg

Vue de Engstlatt en direction de Balingen, avec à l'arrière-plan le relais des télécommunications du Plettenberg

Verkehrte Welt: Das Balinger Zollernschloss spiegelt sich im aufgestauten Wasser des Eyachwehrs.

The wrong way round: Balingen's castle, the Zollernschloss, is mirrored in the dammed up water of the Eyach weir.

Le monde à l'envers : à Balingen, le « Zollernschloss » se reflète dans l'eau du barrage de la Eyach.

Hochwassermarken zeigen das Unfassbare: Bei der Hochwasserkatastrophe von 1895 stieg das Wasser in ungeahnte Höhen.

High water marks indicate the inconceivable: During the disastrous floods of 1895 the water rose to absolutely unanticipated levels.

Ces marques témoignent de l'inconcevable : lors de la crue catastrophique de 1895, l'eau monta à des hauteurs inimaginables.

Das Zollernschloss war einst Sitz des Obervogts, des höchsten württembergischen Beamten. Heute befindet sich das Museum für Waagen und Gewichte in den Räumen.

The Zollernschloss was once the seat of the "Obervogt", the highest Württemberg administrator. Today it houses the Museum of Weights, Balances and Scales.

Autrefois, le Zollernschloss était la résidence du prévôt principal, le plus haut fonctionnaire du duché de Wurtemberg, issu de la noblesse. Aujourd'hui, il abrite le Musée des balances et des poids.

Das Kreuzrippengewölbe der evangelischen Stadtkirche in Balingen

Ribbed cross vaulting in the Protestant municipal church, Balingen

La voûte à croisées d'ogives de l'église protestante de Balingen

Über der Skulptur »Adam und Eva« steht ein Ritter, der ein Schild mit Bäcker- und Bierbrauerzeichen und den Initialen des Erbauers hält. Die Säule erinnert an das Gasthaus »Rose«, das 1970 abgebrannt ist.

Above the figure "Adam and Eve" stands a knight, holding a shield with baker and beer brewery signs on it as well as the initials of the builder. The column reminds of the "Rose", an inn that was destroyed by a fire in 1970.

La sculpture « Adam et Eve » est surmontée d'un chevalier arborant un bouclier avec les insignes des boulangers, des brasseurs, et les initiales du bâtisseur. La colonne rappelle l'auberge « Rose » détruite par le feu en 1970.

Für den 61 Meter hohen Turm der Balinger Stadtkirche konstruierte der Onstmettinger Pfarrer Philipp Matthäus Hahn im 18. Jahrhundert eine Sonnenuhr.

In the 18th century the Onstmettingen parson Philipp Matthäus Hahn constructed a sundial for the 61-metre-high tower of the municipal church in Balingen.

Au 18e siécle, le pasteur Philipp Matthäus Hahn de Onstmettingen construisit un cadran solaire pour le clocher de l'église de Balingen haut de 61 mètres.

Fast zu einer Einheit verwachsen ragen diese zwei Pappeln nahe Hofstetten bei Geislingen in den blauen Himmel.

Almost as if grown together into one, these two poplars stretch up into the blue sky not far from Hofstetten near Geislingen.

Deux peupliers enchevêtrés se dressent vers le ciel bleu à proximité de Hofstetten, près de Geislingen.

Das kleine Städtchen Binsdorf, Stadtteil von Geislingen, liegt auf einer Hochebene. Von hier hat man eine schöne Aussicht.

Belonging to Geislingen, the tiny little town of Binsdorf lies on a high plain—from where a fine view is to be had.

La petite ville de Binsdorf, commune associée de Geislingen, est située sur un haut plateau d'où l'on a une vue admirable.

Idylle in Rosenfeld

An idyllic spot in Rosenfeld

Idylle à Rosenfeld

Der mittelalterliche Stadtkern mit der Rosenfelder Pfarrkirche

The mediaeval town centre with Rosenfeld parish church

Le centre moyenâgeux et l'église paroissiale de Rosenfeld

Das Städtchen Rosenfeld auf dem Kleinen Heuberg

The little town of Rosenfeld on the Kleiner Heuberg

La petite ville de Rosenfeld sur le Kleiner Heuberg

Blick vom Raichberg über die bewaldeten Kuppen nach Bisingen

View from Raichberg over wooded hilltops and out towards Bisingen

Du Raichberg, vue sur les cimes boisées et sur Bisingen

Die Thanheimer Mönchshalde aus der Vogelperspektive

A bird's eye view of Thanheim's Mönchshalde

La Mönchshalde (terril du moine) de Thanheim, vue du ciel

*Ländliche Idylle
im Bisinger Stadtteil Steinhofen*

*Rural idyll in the part of Bisingen
known as Steinhofen*

*Idylle campagnarde à Steinhofen,
commune associée de Bisingen*

Die Kuppel der romanischen Weilerkirche von Haigerloch-Owingen und das schlichte Innere der Andachtsstätte

The dome of the Romanic Weilerkirche of Haigerloch-Owingen and the modest interior of this place of worship

La coupole de l'église romane Weilerkirche de Haigerloch-Owingen et l'intérieur sobre de ce lieu de recueillement

Tief ins Gestein graben sich die Maschinen des Salzbergwerks der Wacker-Chemie in Stetten bei Haigerloch.

In Stetten near Haigerloch the machines of the Wacker-Chemie salt-mines dig deep into the rock.

A Stetten, près de Haigerloch, les machines de la mine de sel de la Wacker-Chemie s'enfoncent profondément dans la roche.

Über sattgrüne Wiesen schweift der Blick bis zum Albtrauf. Rechts die Turmspitze der Grosselfinger Kirche.

The view stretches over rich green meadows up to the Alb scarp. To the right, the top of the spire of Grosselfingen Church is visible.

Le regard glisse sur les prairies d'un vert profond et porte jusqu'au Albtrauf. A droite, la flèche de l'église de Grosselfingen.

Malerisch liegt die Stadt Haigerloch, hier das Schloss, im tief in den Muschelkalk eingeschnittenen Tal der Eyach.

The castle in Haigerloch. As pretty as a picture, this town lies in the Eyach Valley—a valley cut deep into the shelly limestone landscape.

Le château de la petite ville pittoresque de Haigerloch dans la vallée calcaire très encaissée de la Eyach.

Die schöne Rokoko-Kirche
St. Anna in Haigerloch

Built in the rococo style:
the beautiful church
St. Anna in Haigerloch

La belle église St. Anna,
style rococo, est située
à Haigerloch.

Am Eingang zum Stadtviertel Haag,
dem ehemaligen jüdischen Viertel
von Haigerloch, liegt der
jüdische Friedhof.

At the entrance of Haag, formerly
the Jewish part of Haigerloch,
lies the Jewish cemetery.

Le cimetière juif est situé à l'entrée
du Haag, l'ancien quartier juif
de Haigerloch.

Der Rangendinger Harfenbauer Eric Wilhelm Kleinmann stellt historische Harfen der unterschiedlichsten Art her.

The harp-maker Eric Wilhelm Kleinmann of Rangendingen produces different kinds of historical harps.

A Rangendingen, Eric Wilhelm Kleinmann fabrique des harpes historiques de tous les styles.

Das alte Fachwerkhaus des Gasthofs »Rössle« und die Stadtkirche von Rangendingen

The old half-timbered building of "Rössle Inn" and Rangendingen's municipal church

Le vieux bâtiment à pans de bois de l'auberge « Rössle » et l'église de Rangendingen

Zeitreise in die Vergangenheit: Römer mit Schild und Helm marschieren im Römischen Freilichtmuseum Hechingen-Stein auf.

Journey back into the past: Romans with shields and helmets are on the march at the open-air Roman Museum in Hechingen-Stein.

En remontant le temps : des légionnaires romains avec boucliers et casques paradent au musée de plein air de Hechingen-Stein.

1976 entdeckte man in Stein bei Hechingen die Reste eines römischen Gutshofs. Einige der Gebäude wurden rekonstruiert .

In 1976 the remains of a Roman estate were discovered in Stein near Hechingen—some of the buildings there have since been reconstructed.

En partant des vestiges d'une ferme de l'époque romaine découverte en 1976, on a reconstitué quelques bâtiments.

Markanter Blickfang von Hechingen ist der Turm der katholischen Pfarrkirche Sankt Jakobus – ein klassizistischer Bau, der unter Fürst Joseph Wilhelm von Hohenzollern-Hechingen 1783 erbaut wurde.

A real eye-catcher in Hechingen is the spire of the Catholic parish church of Sankt Jakobus—a construction in the classical style, which was built under Prince Joseph Wilhelm of Hohenzollern-Hechingen in 1783.

La flèche de l'église catholique Sankt Jakobus de Hechingen attire les regards. C'est un édifice de style classique, érigé en 1783 sous le règne du prince Joseph Wilhelm von Hohenzollern-Hechingen.

Das Fürstlich Hohenzollerische Forstamt in Hechingen

The royal Hohenzollern Board of Woods and Forests in Hechingen

L'Office des Forêts de la Principauté à Hechingen

Ein kunstvolles Glasfenster in der Kirche Sankt Jakobus erinnert an den letzten regierenden Fürsten von Hohenzollern-Hechingen.

An artistic memorial stained-glass window in the church of Sankt Jakobus depicts the last of the ruling princes of Hohenzollern-Hechingen.

Ce très beau vitrail dans l'église Sankt Jakobus est dédié au dernier des princes régnants de la maison Hohenzollern-Hechingen.

Die im Renaissance-Stil prächtig ausgestattete Wallfahrtskirche Sankt Luzen in Hechingen

Splendidly furnished in the style of the Renaissance, the pilgrimage church Sankt Luzen in Hechingen

A Hechingen, l'église du pèlerinage – Sankt Luzen – est somptueusement décorée dans le style Renaissance.

Wie ein Scherenschnitt:
die Zinnen der Burg Hohenzollern
vor dem nachtblauen Himmel

Like a sharp incision: the battlements of the castle Hohenzollern against the deep blue night sky

Comme une ombre chinoise : les créneaux du château Hohenzollern se découpent sur le ciel bleu nuit.

Über den Baumwipfeln schwebt die Burg Hohenzollern wie ein Märchenschloss.

The castle Hohenzollern hovers high over the tree-tops like a fairy-tale castle.

Comme dans un conte de fées, le château de Hohenzollern semble suspendu au-dessus de la cime des arbres.

Die Burg Hohenzollern thront auf einem Zeugenberg.

The castle Hohenzollern reigns from one of the so-called "Zeugenberge".

Le château de Hohenzollern trône sur une montagne témoin.

Der Grafensaal mit seiner üppig verzierten Decke in der Burg Hohenzollern

In the castle Hohenzollern: the Count's Hall with its magnificently ornamented ceiling

La salle comtale du château de Hohenzollern et son plafond richement décoré

Die Zinnen der Zollernburg unter dunkel verhangenem Himmel

The battlements of the Zollernburg, under a sky hung with darkening clouds

Les créneaux de la forteresse des Zollern sous un ciel de plomb

Die Wallfahrtskirche Maria Zell an den Hängen des Zeller Horns

The pilgrimage church Maria Zell on the slopes of the Zeller Horn

L'église du pèlerinage – Maria Zell – sur les coteaux du Zeller Horn

Wie eine Wand erhebt sich der nebelverhangene Albrand.

Hung in fog, the edge of the Alb rises like a wall.

Le flanc du Jura se dresse comme une muraille dans le brouillard.

Auf dem Dreifürstenstein – viele Ziele für den Wanderer tun sich hier auf.

On top of the Dreifürstenstein, there are many attractive sights for visitors to hike to.

Les sentiers pour randonneurs partent dans diverses directions au sommet du Dreifürstenstein.

Diesen Blick vom Dreifürstenstein sollen einstmals die Fürsten von Zollern, Württemberg und Fürstenberg gemeinsam genossen haben, denn auf diesem Berg berührten sich ihre Herrschaftsbereiche.

It is said that, in former times, the princes of Zollern, Württemberg and Fürstenberg must have enjoyed this view together from the Dreifürstenstein, for upon this mountain their territories met.

On raconte qu'autrefois, les princes de Zollern, de Wurtemberg et de Fürstenberg ont joui ensemble de cette vue du Dreifürstenstein (rocher des trois princes), à l'endroit même où leurs domaines respectifs se touchaient.

Prüfender Blick zum Himmel: Segelflieger auf dem Farrenberg

Looking up and checking the sky: glider pilots on the Farrenberg

Regard inquisiteur : pilotes de planeur sur le Farrenberg

Himmelwärts mit heißer Luft

Up, up and away—with hot air

Propulsion vers le ciel grâce à l'air chaud

Sanfte Hügel im Killertal bei Jungingen

Rolling hills in the Killer Valley near Jungingen

Douces collines dans la vallée de la Killer près de Jungingen

Das Nebelband zeichnet die Windungen des Killertals nach.

A band of fog follows the bends in the Killer Valley.

Le brouillard épouse les courbes de la vallée de la Killer.

Die Wiesen und Äcker des Heufelds umkreisen den Kornbühl mit der Salmendinger Kapelle.

The fields and meadows of Heufeld surround the Kornbühl and Salmendingen chapel.

Les champs du Heufeld dessinent des cercles autour du Kornbühl et de la chapelle de Salmendingen.

Die 500 Jahre alte Salmendinger Kapelle auf dem wacholderbestandenen Kornbühl

The 500-year-old Salmendingen chapel on the Kornbühl, which is covered in juniper

Sur le Kornbühl couvert de genévriers se trouve la chapelle de Salmendingen, vieille de cinq siècles.

Mondsichel über der Salmendinger Kapelle

Crescent moon over Salmendingen chapel

Croissant de lune au-dessus la chapelle de Salmendingen

Der Kreuzweg zur Kapelle mit erstem Schnee überweht

Covered in the first snow drifts of winter: the way of the Cross up to the chapel

Le chemin de croix qui mène à la chapelle sous les rafales de la première neige

Wiesen und Äcker prägen die ausgedehnte Hochebene des Heufelds.

Fields and meadows are characteristic of the extensive high plains of Heufeld.

Les champs marquent de leur empreinte le vaste haut plateau du Heufeld.

Mit einem Pferdeschlitten durch den Alb-Schnee

With horse-drawn sleigh through the snowy Alb

En traîneau sur la neige du Jura

Flickenteppiche: die kleinen Äcker auf der Alb im Winter ...

"Rag rugs": small fields on the Alb in winter ...

Patchwork : les petits champs du Jura en hiver ...

... und im Sommer

... and in summer

... et en été

*Bei Burladingen-Ringingen:
Schön muss das Leben einer Kuh
in einer solchen Landschaft sein.*

*Near Burladingen-Ringingen:
How wonderful the life of a cow
must be in such beautiful landscape.*

*Près de Burladingen-Ringingen:
les vaches doivent avoir la belle vie
dans un tel paysage.*

Trigema, der Hersteller von Sport- und Freizeitbekleidung, ist der Hauptarbeitgeber in Burladingen. Das Unternehmen setzt auf die ausschließliche Produktion in Deutschland.

Trigema, manufacturers of sports and leisure wear, is the main employer in Burladingen. The company relies solely on production in Germany.

Trigema, fabricant de vêtements de sport et de loisirs, est l'employeur principal de Burladingen. Cette entreprise a relevé le défi de produire exclusivement en Allemagne.

Gammertingen bei Nacht, rechts die Kirche Sankt Leodegar

Gammertingen by night, on the right the church of Sankt Leodegar

Gammertingen de nuit, à droite l'église Sankt Leodegar

Das Eichland bei Burladingen-Gauselfingen

Eichland near Burladingen-Gauselfingen

Le Eichland près de Burladingen-Gauselfingen

Steinbruch auf der Zollernalb

Stone quarry on the Zollernalb

Carrière sur le Zollernalb

Nur die Windräder ragen aus dem Frühnebel bei Burladingen-Melchingen heraus.

Only the wind turbines rise out of the early morning fog near Burladingen-Melchingen.

Près de Burladingen-Melchingen, seules les éoliennes émergent du brouillard matinal.

Fußstapfen von Riesen? – Nein, hier standen Wasserwagen für Kühe. Aber sind die Aufwölbungen in der Landschaft Grabhügel?

Giants' footsteps?—No, here stood carts with water troughs for cattle. And what about the hillocks in the landscape? Are they perhaps grave mounds?

Pas de géants ? Non, traces de citernes à vaches. Et ces monticules ? S'agit-il de tumulus ?

Kalksteinfelsen und Heidelandschaft sind typisch für die Schwäbische Alb.

Limestone rocks and heath landscape are typical of the Swabian Alb.

Roches calcaires et landes sont des paysages typiques du Jura souabe.

Im Philipp-Matthäus-Hahn-Museum wird das Werk des Pfarrers gewürdigt, der als Astronom und Ingenieur Uhren, astronomische Maschinen und eine Hauswaage ohne Gewichte erfand. Er wurde damit zum Begründer der Feinmess- und Präzisionswaagenindustrie im Zollernalbkreis.

The Philipp Matthäus Hahn Museum honours the work of the parson who was also astronomer and engineer. He invented various clocks, astronomical equipment and kitchen scales that do not require weights. As a result he became the founder of the industry of precision measuring equipment as well as that of precision weighting scales and balances in the Zollernalb district.

Le Musée Philipp Matthäus Hahn rend hommage à ce pasteur astronome et ingénieur, qui inventa des appareils astronomiques et une balance sans poids. Il fut le père de l'industrie régionale des instruments de mesure et autres balances de précision du Jura.

Albstadt-Onstmettingen im oberen Schmiechatal

Albstadt-Onstmettingen in the upper Schmiecha Valley

Albstadt-Onstmettingen dans la vallée de la Schmiecha

Das Wanderheim Nägelehaus des Schwäbischen Albvereins auf dem Raichberg. Dahinter der Sendemast und der Aussichtsturm, von dem man den Schwarzwald und die Alpen sehen kann; links die Burg Hohenzollern.

The rambler's hostel Nägelehaus on the Raichberg, owned by the "Schwäbischer Albverein". Behind it, the transmission mast and the outlook tower, from where the Black Forest and the Alps may be seen; on the left hand the castle Hohenzollern.

Sur le Raichberg, gîte d' étappe Nägelehaus qui appartient à l'association « Schwäbischer Albverein ». A l'arrière-plan, un émetteur et la tour panoramique de laquelle on peut découvrir la Forêt Noire et les Alpes. A gauche le château de Hohenzollern.

Turm der Peterskirche in Albstadt-Tailfingen

The church spire of the Peterskirche in Albstadt-Tailfingen

La flèche de l'église Peterskirche à Albstadt-Tailfingen

Blick vom Schlossfelsen in den Talgang. Im Hintergrund Albstadt-Tailfingen und der Raichberg

View from Schlossfelsen down along the valley. In the background, Albstadt-Tailfingen and the Raichberg

Du Schlossfelsen, vue sur la vallée. A l'arrière-plan, Albstadt-Tailfingen et le Raichberg

Spiegelungen. Motorhauben oder Glasverkleidungen lassen ganz andere Sichtweisen auf den Bürgerturm in Albstadt-Ebingen zu.

Reflections: Car bonnets or a façade of glass—each present their own completely different viewpoint of the Bürgerturm in Albstadt-Ebingen.

Reflets. Capots et parois de verre nous offrent une tout autre perspective de la Tour des bourgeois à Albstadt-Ebingen.

Blick auf das Stadtzentrum von Albstadt-Ebingen mit der Martinskirche

View of Albstadt-Ebingen town centre—with the Martinskirche

Vue du centre de Albstadt-Ebingen et de l'église Martinskirche

Der Renaissance-Ritter des Ebinger Marktbrunnens ...

Knight in Renaissance armour, a figure of the fountain on Ebingen's marketplace ...

Un chevalier de l'époque Renaissance sur la fontaine du marché de Ebingen ...

... und eine dynamische Figur auf dem Kurt-Georg-Kiesinger-Platz

... and a sculpture on the move on Kurt-Georg-Kiesinger-Platz

... et une sculpture dynamique sur Kurt-Georg-Kiesinger-Platz

Das Jugendstil-Rathaus
in Albstadt-Ebingen

Albstadt-Ebingen town hall
in Art Nouveau style

La mairie style Art nouveau
à Albstadt-Ebingen

Fassadendetails in Albstadt-Ebingen.

Details of façades in Albstadt-Ebingen.

Détails des façades à Albstadt-Ebingen.

Per Rad lässt sich die Gegend
um Albstadt gut erkunden.

A good way to explore the country-
side around Albstadt is by bike.

Le vélo est un moyen idéal pour
découvrir les alentours de Albstadt.

Wagenspuren im Fels am
Siebenkreuzleweg oberhalb
von Albstadt-Ebingen

Cart tracks in the rock
at the Siebenkreuzleweg above
Albstadt-Ebingen

Ornières de chariots dans la roche,
au Siebenkreuzleweg, au-dessus
de Albstadt-Ebingen

*Das Rathaus von Winterlingen
im Wilhelm-Keinath-Park*

*Winterlingen's town hall
in the Wilhelm Keinath Park*

*La mairie de Winterlingen
dans le Parc Wilhelm Keinath*

Die Burg Straßberg über dem Tal der Schmeie

Straßberg castle above the Valley of the Schmeie

Le château Straßberg, au-dessus de la vallée de la Schmeie

Nahe der Kirche im Albstädter Stadtteil Lautlingen befindet sich eine Gedächtniskapelle für die beiden Widerstandskämpfer Berthold und Claus von Stauffenberg.

In a part of Albstadt known as Lautlingen, there exists, near the church, a memorial chapel in honour of the two resistance fighters Berthold and Claus von Stauffenberg.

Près de l'église de Lautlingen, commune associée de Albstadt, se trouve une chapelle à la mémoire de deux résistants contre le Nazisme, Berthold et Claus von Stauffenberg.

Ländliche Idylle in Albstadt-Lautlingen

Rural idyll in Albstadt-Lautlingen

Idylle rurale à Albstadt-Lautlingen

Die schneebedeckten Flächen der Zollernalb machen deutlich, dass die Schwäbische Alb einmal eine zusammenhängende Hochfläche war. Blick über Pfeffingen nach Tailfingen und Truchtelfingen.

The snow-clad areas of the Zollernalb clearly show that the Swabian Alb was once one continuous high plain. View over Pfeffingen on Tailfingen and Truchtelfingen.

Les étendues enneigées de la Zollernalb nous montrent bien que le Jura souabe ne formait autrefois qu'un seul et unique haut plateau. Vue sur Pfeffingen à Tailfingen et Truchtelfingen.

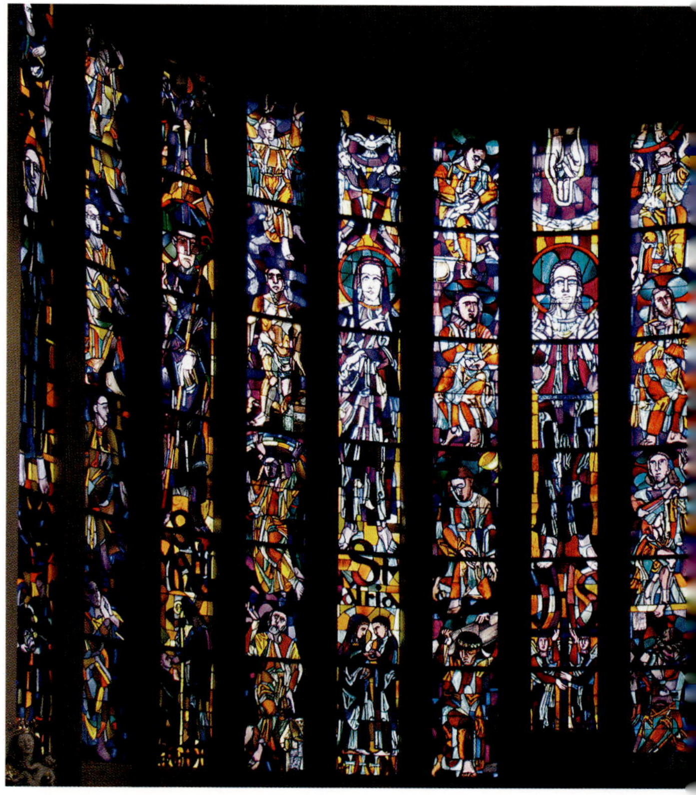

Das Kloster bestimmt den alten Dorfkern von Margrethausen, einem Stadtteil von Albstadt.

The nunnery dominates the old town centre Margrethausen, a part of Albstadt.

L'abbaye domine le vieux centre-bourg de Margrethausen, l'une des communes associées de Albstadt.

Kunstvolle Glasfenster in der Margrethauser Klosterkirche

Artistic stained-glass windows in the church of the Margrethausen nunnery

Vitraux d'art dans l'abbatiale de Margrethausen

Die Michaelskirche in Burgfelden ist ein kunsthistorisches Kleinod von Albstadt. Die romanischen Wandmalereien zeigen das Jüngste Gericht.

The Michaelskirche in Burgfelden represents a real gem in the art history of Albstadt. The Romanic murals there depict the Day of Judgement.

A Burgfelden, la Michaelskirche est un joyau de l'histoire de l'art de Albstadt. Les peintures murales romanes représentent le Jugement Dernier.

Vom Böllat aus sieht man hinunter ins Wannental.

From Böllat you can look down to the Wannental.

Du Böllat, vue plongeante jusqu'à Wannental

Neben steil aufragenden Kalkfelsen sieht man von der Schalksburg aus nach Albstadt-Laufen hinunter.

From the Schalksburg there is a view of limestone rocks that jut out steeply, as well as of the town of Albstadt-Laufen down below.

De la Schalksburg, surplombée de roches calcaires abruptes, on a une vue plongeante sur Albstadt-Laufen.

Abendstimmung bei der Schalksburg

Mood of evening near the Schalksburg

A l'heure du crépuscule près de la Schalksburg

Schneebedeckt ist die
Hochfläche des Großen Heubergs
bei Obernheim.
Im Vordergrund
das Straßendorf Tanneck

The high plains of the
Großer Heuberg, near Obernheim,
is covered in snow.
In the foreground,
the village of Tanneck

Près de Obernheim,
la haute plaine du Großer Heuberg
est couverte de neige.
Au premier plan,
le village de Tanneck
borde la route.

Die evangelische Pfarrkirche
in Meßstetten-Tieringen

The Protestant parish church
in Meßstetten-Tieringen

L'église protestante
de Meßstetten-Tieringen

Nördlich von Tieringen erhebt sich das Hörnle mit seinem steilen Felsabbruch.

North of Tieringen the Hörnle rises with its steep cliff.

Au nord de Tieringen se dresse la paroi abrupte du Hörnle.

Vom Lochen führt ein malerischer Waldrandweg hinab nach Tieringen.

From Lochen a picturesque trail goes along the edge of the woods and down to Tieringen.

Entre Lochen et Tieringen, un pittoresque chemin descend vers la vallée à la lisière de la forêt.

Die Zollernalb

Der weithin sichtbare Bergkegel des Hohenzollern mit seiner unverwechselbar gezackten Burgenkrone ist das Wahrzeichen einer Alblandschaft, die vor allem durch ihre Gegensätze fasziniert. Tiefe Täler und weite Ebenen, Kleinräumigkeit und große Geschichte, Ruhe und wirtschaftliche Prosperität, Millionen Jahre alte Fossilien und zeitgenössische Kunst.

Nähert man sich der Zollernalb von Norden, so erscheint die bis zu 300 Meter über dem Vorland aufragende Barriere des Albtraufs geradezu undurchdringlich. In dunklem Blaugrün bilden die Tannenmischwälder der Balinger Berge das untere Stockwerk, darüber leuchten schroffe, kalkweiße Steilwände. »Höhere Berge in einer ernsthaften Reihe«, notierte Goethe auf seiner Reise in die Schweiz, Mörike beschrieb den Albtrauf poetischer als »wundersame blaue Mauer«. Doch beim Näherkommen löst sich die Mauer in Berginseln und Vorberge auf, Täler öffnen den Weg nach Süden und Osten, schaffen Verbindungen zwischen dem weithin fruchtbaren, kaum bewaldeten Vorland, in dem Ackerfluren und Streuobstwiesen mit Grünlandwirtschaft wechseln, und den kargen, weiten Hochflächen der Alb mit ihren Wacholderheiden, den parkähnlichen Holzwiesen und dem lichten Buchenwald auf den Kuppen. Ob Plettenberg, Lochenstein, Hörnle, Raichberg oder der vorgelagerte Zeugenberg Hohenzollern – der Ausblick über ein »Meer von Landschaft« (Mörike) ist von allen Bergen des Albtraufs wahrlich grandios.

Ein Meer ist es auch, dem sich diese Landschaft verdankt, eine Landschaft, in der sich wie in einem geologischen Bilderbuch Erdgeschichte studieren lässt. Vor 180 Millionen Jahren war Südwestdeutschland weithin überflutet, das warme Jurameer bot einen idealen Lebensraum für Korallen, Schwämme, Algen und eine Vielzahl anderer Lebewesen, an den Stränden wuchsen Palmfarne und im flachen Wasser fühlten sich Saurier wohl. Im Zeitraum von 50 Millionen Jahren lagerten sich auf dem Meeresgrund mächtige Schichten aus Kalk, Sand und Schlamm ab. In den daraus entstandenen Gesteinsformationen der Alb blieben Skelette der einstigen Meeresbewohner erhalten – gut präpariert kann man sie im Werkforum Dotternhausen, im Museum im Kräuterkasten in Albstadt-Ebingen oder im Heimatmuseum Balingen bestaunen.

Den letzten Schliff gaben der Zollernalb so unscheinbar wirkende Neckarzuflüsse wie Schlichem, Eyach und Starzel. Durch ihr hohes Gefälle trugen sie wesentlich dazu bei, dass die Alb, die einst fast an das heutige Stuttgart heranreichte, immer weiter abgetragen wurde. Den dabei entstehenden Traufrand zersägten sie in malerische Talschluchten und Bergvorsprünge und schnitten nebenbei die Donauzuflüsse Bära, Schmeie und Fehla durch rückschreitende Erosion von ihren Quellbächen ab. Der Kampf um die europäische Wasserscheide ist bis heute nicht entschieden und auch der Albtrauf weicht weiterhin zurück, meist unmerklich, zuweilen aber auch mit dramatischen Felsabbrüchen, am Plettenberg zuletzt im Jahr 1851.

Welche Kräfte im Innern immer noch wirken, zeigen Erdbeben, die die Zollernalb regelmäßig erschüttern. In welcher Weise die in Nord-Süd-Richtung verlaufende Erdbebenzone mit dem schräg dazu stehenden Zollerngraben, einer durch die Verschiebung von Kontinentalplatten entstandenen markanten Verwerfung, zusammenhängt, wird von Geologen nach wie vor kontrovers diskutiert.

Unstrittig ist, dass der Untergrund der Alb einem Schweizer Käse gleicht. Das harte Juragestein reagiert äußerst empfindlich, wenn es mit kohlensäurehaltigem Wasser in Berührung kommt, es löst sich auf. So entstand nach und nach ein weit verzweigtes System von Höhlen und unterirdischen Wasserläufen. Die Böden auf der Hochfläche trocknen dagegen schnell aus, es bilden sich Trockentäler und Dolinen, Höhlen, deren Deckengewölbe eingebrochen sind. Das Wasser versickert im Gestein, verstärkt dabei die weitere Erosion und tritt in den Tälern in Karstquellen wieder zu Tage. So reizvoll die Karstlandschaft auch wirkt – die Lebensbedingungen der Menschen waren bis zur Einrichtung der Albwasserversorgung hart, erst seit 1871 konnten die Dörfer der Hochfläche durch Pumpwerke ausreichend mit Wasser versorgt werden.

Ungeachtet der schwierigen Bedingungen zog es die ersten Menschen schon in der Altsteinzeit auf die Zollernalb, Spuren ihrer Jagdplätze, unter anderem Feuersteinwerkzeuge, hat man in mehreren Höhlen bei Albstadt, Burladingen, Straßberg und Winterlingen gefunden. Dauerhaft besiedelt ist die Zollernalb nach bisherigem Forschungsstand seit der mittleren Jungsteinzeit. Bemerkenswert sind vor- und frühgeschichtliche Funde auf dem schwer zugänglichen Plateau des Plettenbergs und des Lochenstein. Auf beiden Bergen wurden zudem, ebenso wie auf der Schalksburg, dem Schafsberg und dem Heiligenkopf, Höhensiedlungen aus dem 10. und 9. Jahrhundert vor Christus nachgewiesen. Die Befestigungsanlagen auf dem Gräbelesberg über Albstadt-Laufen konnten noch nicht abschließend datiert werden, die ältesten Funde stammen aus dem 7. und 6. Jahrhundert vor Christus, ein Teil der Wallanlagen scheint keltischen Ursprungs zu sein. In römischer Zeit wurden Kastelle in Burladingen-Hausen und Albstadt-Ebingen erbaut, einen lebendigen Einblick in das Alltagsleben einer wohlhabenden römischen Familie erlaubt der teilweise rekonstruierte römische Gutshof in Hechingen-Stein.

Enge und Weite – dieses Grundthema der Zollernalb spiegelt sich auch in der Geschichte des namengebenden Adelsgeschlechts wider. In der Chronik Bertholds von Reichenau wurden die Zollern Mitte des 11. Jahrhunderts erstmals erwähnt, auf dem Hohenzoller errichteten sie ihre Stammburg. Ein Zweig der Familie blieb im Schwäbischen und lenkte das kleine Territorium mit den Residenzstädten Hechingen, Sigmaringen und zeitweise Haigerloch durch die Wirrnisse der Zeit, der andere Zweig wanderte über Nürnberg nach Preußen, schuf das Königreich Brandenburg-Preußen und stellte von 1871 bis 1918 die deutschen Kaiser.

Noch bis weit ins 19. Jahrhundert hinein war die Zollernalb landwirtschaftlich geprägt. Impulse für den Wandel zu einem äußerst erfolgreichen Wirtschaftsstandort gaben Tüftler wie Philipp Matthäus Hahn, der die Neigungswaage erfand und damit den Grundstein für die Balinger und Junginger Waagen-Industrie legte. In den heute zu Albstadt gehörenden Dörfern des Talgangs entstand aus den Nebenerwerbswebereien und Hausstickereien die Wirk- und Maschenindustrie. Hergestellt wird vor allem Unterwäsche, aber auch Strickmoden, Sport- und Freizeitkleidung. Der Hinweis »Fabrikverkauf« lädt in jedem Ort zum Einkauf ein. Als Folgeindustrie entwickelte sich die Herstellung von Maschinen für die Wirkwarenindustrie, unter anderem die Nadelfabrik Groz-Beckert in Albstadt-Ebingen, Weltmarktführer in dieser Branche. In Albstadt-Onstmettingen erinnert in der ehemaligen Johanniskirche ein kleines Museum an den Pfarrer und Ingenieur Hahn, das Balinger Museum für Waagen und Gewichte veranschaulicht die Entwicklung der Wägetechnik und das Maschenmuseum in Tailfingen dokumentiert die Geschichte der Textilindustrie.

Bodenschätze spielen auf der Zollernalb keine große wirtschaftliche Rolle, mit zwei Ausnahmen: in Haigerloch-Stetten wird seit 150 Jahren im kleinsten Salzbergwerk Deutschlands Steinsalz abgebaut und in Dotternhausen werden die Weißjurakalke des Plettenbergs zusammen mit Lias-Tonen des Albvorlands zu Zement verarbeitet.

Die Fülle an kleinen und großen Museen, die didaktisch gut aufbereitet Geschichte lebendig werden lassen, gehört ebenso zur Charakteristik der Zollernalb wie eine Reihe bemerkenswerter Kunstdenkmäler aus verschiedenen Stilepochen. Mit an erster Stelle steht die romanische Kirche Sankt Michael in Albstadt-Burgfelden. Der Freskenzyklus aus dem späten 11. Jahrhundert ist einer der bedeutendsten dieser Zeit in Deutschland und gehört in das Umfeld der von der Insel Reichenau ausgehenden so genannten Bodenseemalerei. Nur hundert Jahre jünger ist die Weilerkirche von Haigerloch-Owingen mit ihrem eindrucksvollen Westportal. Die Gotik kam mit der Kirche des Dominikane--rinnenklosters in Hechingen-Stetten auf die Zollernalb, ihren Höhepunkt erreichte sie mit dem Bau der Stadtkirche in Balingen. Im Zentrum des Kleinen Heubergs liegt Rosenfeld, noch aus der Gründungszeit der Stadt stammt die Alte Apotheke, ein gotisches Steinhaus, datiert auf das Jahr 1244.

Ein Meisterwerk der Renaissance ist die Franziskanerkirche Sankt Luzen in Hechingen mit den einzigartigen Stuckdekorationen Wendel Nufers. Auch das auf einem schroffen Felssporn über der Eyach gelegene neue Haigerlocher Schloss entstand in dieser Epoche. Als überragende Barockdenkmale der Zollernalb gelten die Wallfahrtskirche Sankt Anna in Haigerloch und die Wallfahrtskirche auf dem Palmbühl bei Schömberg. Hechingen, die ehemalige Residenzstadt, zeigt sich klassizistisch. Rudolf Burnitz ist der Architekt des neuen, dreiflügeligen Stadtschlosses, die Stadtpfarrkirche Sankt Jakob entstand nach Plänen Michel d'Ixnards. Jugendstil prägt Teile der Innenstadt von Albstadt-Ebingen mit der Kirche Sankt Martin, dem Rathaus und der Galerie Albstadt. Sehenswert sind aber auch die frühen Industriebauten in Ebingen und Tailfingen.

Wanderer auf dem Plateau des Plettenberg — *Hikers on the plateau of the Plettenberg* — *Des randonneurs sur le plateau du Plettenberg*

Das wohl berühmteste Gebäude der Zollernalb, die Burg Hohenzollern mit ihren Türmchen und Zinnen, ist ein typisches Werk des Historismus. Friedrich August Stüler, ein Schüler Karl Friedrich Schinkels, wurde 1846 mit dem Bau beauftragt. Besonders wertvoll sind die aus dem Kloster Stetten stammenden mittelalterlichen Glasfenster der Michaelskapelle.

Den guten Ruf der Zollernalb als ein Zentrum der Kunst der Moderne begründete die Städtische Galerie Albstadt. Sie wartet mit einer auch international beachteten Sammlung von Grafiken des 20. Jahrhunderts auf, einen Schwerpunkt bilden die Arbeiten von Otto Dix. Balingen machte in den letzten Jahren Furore durch große Sonderausstellungen zu Chagall, Picasso und Monet und für das Theater Lindenhof in Burladingen-Melchingen schrieb Peter Härtling eigens »Die Melchinger Winterreise«.

Kein Zweifel – die Zollernalb ist eine gute Gegend für Geschichten.

Karin Gessler

The Zollernalb

Visible from afar, the cone-shaped mountain of the Hohenzollern, with its distinctly jagged castle crown, is the landmark of an Alb landscape, which more than anything, fascinates on account of the great contrasts it offers: deep valleys and wide-open plains, the smallness of the region and yet its historical greatness, stillness and economic prosperity, fossils that are millions of years old and contemporary art.

Approaching the Zollernalb from the north, the barrier of the Alb scarp, which rises up to 300 metres out of the foreland, appears practically impenetrable. In the dark bluish green the predominantly coniferous forests of the Balingen mountains form the lower level, above which rugged chalk-white cliff walls stand out brightly. "High mountains in an earnest row", noted Goethe on his journey to Switzerland; Mörike described the Alb scarp more poetically as a "wonderful blue wall". However, as you draw closer, the wall dissolves into islands of mountains and outliers, while valleys open up the way towards the south and the east and create links between the mostly fertile, scarcely wooded foreland—where cultivated fields and natural orchards alternate with pastureland—and the extensive, barren high plains of the Alb with their juniper heaths, park-like wooded meadows and their tops sparsely dotted with beech-trees. Whether from the Plettenberg, Lochenstein, Hörnle, Raichberg or the free-standing "Zeugenberg" Hohenzollern—from every mountain of the Alb scarp the view over the "sea of landscape" (Mörike) is magnificent.

Indeed, it is also a sea, to which this landscape owes its existence, a landscape, in which it is possible to study the history of the earth as from a geological picture-book. 180 million years ago South West Germany was, for the most part, flooded; the warm Jurassic sea offered the perfect habitat for corals, sponges, algae and a multitude of other organisms; on its shores palm-ferns grew and in the shallow waters saurians thrived. Within a period of 50 million years, massive layers of lime, sand and mud were deposited on the seabed, and from these the rock formations of the Alb gradually arose. In this process a great many skeletons of former sea-dwellers remained intact. Various well-preserved specimens can to be admired at the Werkforum Dotternhausen, at the Kräuterkasten Museum in Albstadt-Ebingen or at the Museum of Local History in Balingen.

Seemingly insignificant tributaries of the Neckar, such as the Schlichem, Eyach and Starzel, put the finishing touches on the Zollernalb: Through their steep river gradient they contributed considerably to the erosion of the Alb, which once stretched out almost as far as Stuttgart's present location. They sawed up the resulting scarp edge into picturesque valley gorges and mountain outliers and incidentally, also cut off the three Danube tributaries the Bära, Schmeie and Fehla from their source streams through regressive erosion. The rivers have yet to resolve their conflict over the position of the European watershed, and the Alb scarp also continues to retreat, for the most part, imperceptibly; occasionally, however, causing cliffs to break away dramatically—the last such occurrence, at the Plettenberg in the year 1851.

The forces that continue to work within are demonstrated by earthquakes, which regularly shake the Zollernalb. An ongoing controversial topic amongst geologists, however, is just what the relation is between the earthquake zone, that runs from north to south, and the prominent fault known as the Zollerngraben, that stands at an angle to this zone and has its origins in the shifting of continental plates.

Indisputable is the fact that under its surface, the Alb resembles Swiss cheese. The hard Jurassic rock shows an extremely sensitive reaction when it comes into contact with water containing carbonic acid—namely, it dissolves. So, gradually, there developed a widely branching system of caves and subterranean waterways. In contrast, the soils on the high plains dry out quickly; dry valleys are formed as well as dolines, or sinkholes, which are caves, the ceilings of which have collapsed. The water seeps into the rock, thus further increasing erosion, and re-emerges in the valleys as karst springs. Still, however attractive the karst landscape may seem, the living conditions for the people here were hard until the Alb Water Board was established. It was not till 1871 that the villages on the high plains could adequately be supplied with water through pumping-works.

Irrespective of the difficult conditions, the first people were attracted to the Zollernalb as early as the Old Stone Age. Traces of their hunting grounds, among others, tools made of flint, have been discovered in several caves near Albstadt, Burladingen, Straßberg and Winterlingen. Latest research indicates that the Zollernalb has been permanently settled since the middle of the Neolithic Age. Remarkable are the prehistoric and early historic finds on the hardly accessible plateau of the Plettenberg and of the Lochenstein. On both these mountains as well as on the Schalksburg, the Schafsberg and the Heiligenkopf, the existence of high plain settlements from the 10th and 9th century B. C. have been established. In the case of the entrenchment above Albstadt-Laufen on the Gräbelesberg, the exact age of which has not conclusively been determined to date, the oldest finds go back to the 7th and 6th century B. C. and a part of the ramparts appear to be of Celtic origin. In Roman times fortifications were built in Burladingen-Hausen and Albstadt-Ebingen. The partly reconstructed Roman estate in Hechingen-Stein offers real insight into in the everyday life of a well-to-do Roman family.

Narrowness and wideness—this basic theme of the Zollernalb is mirrored in the history of the aristocratic family bearing the same name. The Zollern first find mention in the middle of the 11th century in the chronicles of Berthold von Reichenau; they erected their ancestral castle on the Hohenzoller. One branch of the family stayed in Swabia and steered their small territory, that included the residential towns of Hechingen, Sigmaringen and from time to time, Haigerloch, safely through times of trouble; the other branch moved via Nuremberg to Prussia, established the kingdom of Brandenburg-Prussia and brought forth German Emperors from 1871 to 1918.

Far into the 19th century the Zollernalb was predominantly agricultural. Impulses for transformation into an extremely successful industrial centre were given by so-called "Tüftler", inventors such as Philipp Matthäus Hahn, who developed the pendulum quadrant balance, thus laying the foundation-stone of the weighing-scales industry in Balingen and Jungingen. In the villages down to the valley that, today, belong to Albstadt, working in the weaving-mills and hand-embroidery, carried out at home, were common secondary occupations that led to the development of the knitwear industry. Underclothes are mainly manufactured here; however, knitwear, sports and leisure wear are also produced. In every town or village the sign "factory outlet" invites you to shop. An industry, that developed as a result of this, was the manufacture of machines for the knitwear industry, among others, the needle factory Groz-Beckert in Albstadt-Ebingen, international leaders in this market. Formerly a church, today, the Johanniskirche in Albstadt-Onstmettingen accommodates a small museum in honour of the parson and engineer Hahn. The Balingen Museum of Weights, Balances and Scales illustrates the development of weighing technology, while the Museum of Knitting, the Maschenmuseum in Tailfingen documents the history of the textile industry. Mineral resources do not play a major industrial role in Zollernalb, with the following two exceptions: For the last 150 years, rock-salt mining has been carried out in Haigerloch-Stetten—in Germany's smallest salt-mine, and in Dotternhausen cement is produced by combining the Upper Jurassic limestone of the Plettenberg with Lias clays of the Alb foreland.

With their sound, underlying educational concepts, a great abundance of museums, large and small, bring history to life and are as much a characteristic feature of Zollernalb as the whole row of noteworthy artistic historical monuments to be found here in various styles from different epochs. One prime example is the Romanic church of Sankt Michael in Albstadt-Burgfelden. Its late 11th century fresco cycle is one of the most important of the period to be found in Germany and is associated with the so-called Lake Constance style of painting that originated on Reichenau Island. The Weilerkirche in Haigerloch-Owingen, with its impressive western portal, is just a hundred years younger than Sankt Michael. The Gothic style first appeared on the Zollernalb with the erection of church of the Dominican nunnery in Hechingen-Stetten, and achieved its climax with the construction of the municipal church in Balingen. At the heart of the Kleiner Heuberg lies Rosenfeld. Its old apothecary, "Alte Apotheke", is a stone building in the Gothic style, dating back to the year 1244, when the town was founded.

Vom Böllat aus geht der Blick über den Plettenberg gen Westen.

From Böllat the view extends over the Plettenberg and out towards the west.

Du Böllat, le regard se tourne vers l'ouest et survole le Plettenberg.

A masterpiece of the Renaissance is the Franciscan church Sankt Luzen in Hechingen with its unique stucco artwork by Wendel Nufer. The new Haigerloch Castle, which stands on a rugged mountain spur above the Eyach, was also built in this epoch. The pilgrimage church on the Palmbühl near Schömberg as well as that of Sankt Anna in Haigerloch represent outstanding examples of Baroque monuments on the Zollernalb. The former residential town of Hechingen, has a classicist flair. Rudolf Burnitz is the architect of the new, three-winged castle; the town's parish church Sankt Jakob was planned by Michel d'Ixnard. Art Nouveau dominates in some parts of the Albstadt-Ebingen town centre with its church of Sankt Martin, town hall and the Albstadt Gallery. Furthermore, the early industrial buildings in Ebingen and Tailfingen are also worth a visit.

Probably the most famous building of the Zollernalb, Castle Hohenzollern, with its characteristic towers and battlements, is a work typical of historicism. Friedrich August Stüler, a student of Karl Friedrich Schinkel, was commissioned with its construction in 1846. Of particular value are the mediaeval stained-glass windows of the Michaelskapelle, which originally came from Stetten nunnery.

Zollernalb's good reputation as a centre of modern art stems from Albstadt's Municipal Gallery. It exhibits a collection of 20th century graphic art of international renown, with one focus point being the works of Otto Dix. In recent years, Balingen has caused a real sensation with its big special Chagall, Picasso and Monet exhibitions; and Peter Härtling especially wrote "Die Melchinger Winterreise" ("The Melchingen Winter's Journey") for Lindenhof Theatre in Burladingen-Melchingen.

There's no doubt about it—the Zollernalb is a good region for stories.

Karin Gessler

Le Zollernalb

Reconnaissable à la silhouette crénelée bien particulière de son château, le cône du Hohenzollern se voit de loin alentour. Il est l'emblème du Zollernalb, une région du Jura souabe dont les paysages contrastés exercent sur nous une réelle fascination. Vallées encaissées et vastes plateaux, territoires exigus et Histoire avec un grand H, calme et prospérité économique, fossiles datant de millions d'années et art contemporain s'y côtoient.

A l'approche du versant nord du Zollernalb, le Albtrauf se dresse à trois cents mètres de hauteur, comme une barrière infranchissable. A l'étage inférieur, les forêts mixtes de résineux qui couvrent la chaîne montagneuse de Balingen forment un cordon vert bleu surmonté par les taches claires d'abruptes parois calcaires. « De hauts sommets bien disposés, sérieux comme des papes » notait Goethe lors de son voyage en Suisse ; Mörike, plus poétique, décrivait le Albtrauf comme une « magnifique paroi bleutée ». Mais lorsque l'on s'approche de cette masse, on distingue bien les différentes montagnes et la chaîne de contreforts ; les vallées ouvrent des voies d'accès vers le sud et l'est, et relient l'avant-pays faiblement boisé et très fertile (où champs cultivés alternent avec prairies d'élevage parsemées de pommiers de plein vent) avec les vastes plateaux arides couverts de landes de genévriers et de prairies boisées comme des parcs, dont les sommets portent des forêts clairsemées de hêtres. Que ce soit du Plettenberg, du Lochenstein, du Hörnle, du Raichberg ou du Hohenzollern – quelque peu décalé des autres - de tous les sommets de l'Albtrauf, la vue sur « l'océan de paysage » (Mörike) est grandiose.

Et c'est justement à un océan que ce paysage doit sa genèse. L'histoire de la terre s'y lit comme dans un livre de géologie illustré. Il y a 180 millions d'années, le sud-ouest de l'Allemagne était recouvert par les eaux chaudes de la Mer jurassique, biotope idéal pour les coraux, les éponges, les algues et quantité d'autres organismes ; sur les plages poussaient des fougères-palmiers, et les sauriens vivaient à leur aise dans une eau peu profonde. En l'espace de 50 millions d'années se sont déposées au fond de la mer d'importantes couches de calcaire, de sable et de vase. Les squelettes des animaux marins se sont parfaitement conservés dans la roche sédimentaire qui constitue le Jura, et on peut en admirer des collections soigneusement présentées au *Werkforum* de Dotternhausen, au *Museum im Kräuterkasten* de Albstadt-Ebingen ou au *Heimatmuseum* (musée des traditions populaires) de Balingen.

La dernière touche fut apportée au Zollernalb par des affluents du Neckar pourtant apparemment insignifiants : le Schlichem, la Eyach et le Starzel. Du fait de l'importante dénivellation, ils ont largement contribué à l'érosion permanente du Jura qui, à l'époque, s'étendait jusqu'à l'actuel Stuttgart. La corniche du Trauf qui se forma alors fut ciselée par ces cours d'eau en gorges et éperons rocheux pittoresques. Par la même occasion, les affluents de la Donau (Bära, Schmeie et Fehla) furent coupés de leurs sources respectives. Ainsi, la ligne de partage des eaux en Europe n'est toujours pas stabilisée aujourd'hui, et le Albtrauf continue lui aussi à régresser, la plupart du temps de manière imperceptible, mais parfois de façon plus dramatique, comme lors du dernier éboulement rocheux du Plettenberg en 1851.

Les secousses sismiques qui ébranlent régulièrement le Zollernalb montrent que les forces souterraines sont toujours bien à l'œuvre. Les géologues ne sont pas tous d'accord sur l'existence d'un lien entre la zone de secousses sismiques qui s'étend du nord au sud et le Zollerngraben, cette importante faille située en biais et engendrée par le déplacement des plaques tectoniques continentales.

Une chose est certaine, le sous-sol du jura s'apparente à un gruyère suisse. La solide roche jurassique réagit de manière très sensible au contact de l'eau chargée en acide carbonique et elle se délite. C'est ainsi que s'est formé, au fil du temps, un vaste réseau ramifié de grottes et de cours d'eau souterrains. En revanche, à la surface, les sols se dessèchent rapidement donnant naissance à des vallées sèches et des dolines, dépressions aux voûtes écroulées. L'eau s'infiltre dans la roche, accélérant le processus d'érosion, pour réapparaître ensuite dans les vallées sous forme de sources karstiques. Ces régions au relief karstique ont beau avoir un charme fou, les conditions de vie y étaient très rudes avant la mise en place du Service d'eau du Jura, en 1871. Cet aménagement permit un approvisionnement en eau suffisant des villages du plateau, grâce à un système de pompage.

Malgré ces conditions difficiles, les hommes ont toujours été attirés par le Zollernalb, et ce dès le Paléolithique. Des traces de leurs terrains de chasse, avec entre autres des outils en silex, ont été trouvées dans plusieurs grottes près de Albstadt, Burladingen, Straßberg et Winterlingen. En l'état actuel des recherches, on est certain que la région a été habitée de manière ininterrompue depuis le Néolithique. Sur les plateaux peu accessibles du Plettenberg et du Lochenstein ont été faites des découvertes remarquables datant de la préhistoire et de la protohistoire. Tout comme sur la Schalksburg, le Schafsberg et le Heiligenkopf, on a pu prouver la présence d'habitats sur les hauteurs datant des 10ᵉ et 9ᵉ siècles avant notre ère. La datation des fortifications du Gräbelesberg, au dessus de Albstadt-Laufen, n'a pas encore pu être définitivement arrêtée, mais on sait d'ores et déjà que les plus anciennes découvertes datent des 7ᵉ et 6ᵉ siècles avant Jésus-Christ et qu'une partie des murailles est probablement d'origine celte. A l'époque romaine, des places fortifiées furent érigées à Burladingen-Hausen et Albstadt-Ebingen ; il est possible de s'imaginer concrètement la vie quotidienne d'une famille romaine aisée en visitant une propriété romaine partiellement reconstituée à Hechingen-Stein.

Immensité et exiguïté, ces deux aspects fondamentaux du Zollernalb se retrouvent aussi dans l'histoire de la lignée noble qui lui a donné son nom.

Dans la chronique de Berthold de Reichenau, les Zollern sont mentionnés pour la première fois dans le courant du 11e siècle. Ils firent construire leur château fort sur le Hohenzoller. Une branche de la famille resta en Souabe et gouverna ce petit territoire au fil des aléas de l'histoire, depuis les villes résidentielles de Hechingen et de Sigmaringen, voire de Haigerloch par intermittence. L'autre branche, d'abord établie à Nuremberg, reçut la Prusse et y fonda le royaume de Brandebourg-Prusse. Tous les empereurs allemands de 1871 à 1918 sont des Zollern.

Jusqu'à la fin du 19e siècle, le Zollernalb est resté une région principalement agricole. Mais le tournant vers un pôle économique florissant fut pris grâce à des inventeurs comme Philipp Matthäus Hahn, père d'une balance de précision, qui posa ainsi la première pierre de l'industrie des balances de Balingen et de Jungingen. Dans les villages de la vallée maintenant rattachés à Albstadt, l'industrie des textiles et tricots est née du tissage ou de la broderie à domicile, autrefois activités d'appoint. On y fabrique surtout des sous-vêtements mais aussi des tricots et des vêtements de sport et de loisirs. Dans chaque commune, le panneau « Fabrikverkauf » indique qu'il est possible d'acheter directement à l'usine. De fil en aiguille, naquirent les manufactures de machines pour l'industrie du tricot, comme par exemple la fabrique d'aiguilles Groz-Beckert à Albstadt-Ebingen, leader mondial dans sa branche. A Albstadt-Onstmettingen, un petit musée situé dans la Johanniskirche (ancienne église) est consacré au pasteur et inventeur Hahn. A Balingen, le Musée des poids et des mesures illustre les développements techniques dans ce domaine, et à Tailfingen, le Musée de la maille retrace l'histoire de l'industrie textile. Les richesses naturelles du sol ne jouent pas de rôle économique très important dans le Zollernalb, à deux exceptions près : à Haigerloch-Stetten, on extrait depuis 150 ans du sel gemme de la plus petite mine de sel d'Allemagne, et à Dotternhausen, les calcaires jurassiques blancs de Plettenberg et les lias argileux des contreforts jurassiens sont utilisés pour la fabrication du ciment.

Autres aspects caractéristiques du Zollernalb : d'une part, une kyrielle de musées de plus ou moins grande taille, très vivants et pédagogiquement bien conçus, qui font revivre l'histoire à nos yeux ; d'autre part, de nombreux monuments et œuvres d'art remarquables, de divers styles, qui datent de différentes époques. Parmi les plus notables, l'église romane Sankt Michael à Albstadt-Burgfelden et son ensemble de fresques de la fin du 11e siècle, l'un des plus importants de cette époque pour l'Allemagne. Ces fresques sont dans le style de la « Peinture du Lac de Constance » née sur l'île de Reichenau. L'église Weilerkirche de Haigerloch-Owingen et son imposant portail ouest ne comptent qu'une centaine d'années de moins. Dans le Zollernalb, le gothique débute avec la construction de l'abbatiale des dominicaines de Hechingen-Stetten, et atteint son apogée avec l'église paroissiale de Balingen. Au centre du Kleiner Heuberg se trouve Rosenfeld où la vieille officine de l'apothicaire - une maison de pierres de 1244, style gothique - date de l'époque de la fondation de la ville.

Rast an der Schalksburg bei Albstadt-Burgfelden *Taking a rest at the Schalksburg near Albstadt-Burgfelden* *Halte à la Schalksburg près de Albstadt-Burgfelden*

Sankt Luzen, l'église des franciscains de Hechingen, est un chef-d'œuvre de la Renaissance, et ses motifs décoratifs en stuc de Wendel Nufer sont d'une beauté incomparable. Le château neuf de Haigerloch, construit sur un éperon rocheux abrupt surplombant la Eyach, date de la même époque. Les deux églises de pèlerinage, celle de Sankt Anna à Haigerloch et celle du Palmbühl près de Schömberg, sont considérées comme les monuments baroques les plus remarquables du Zollernalb. Hechingen, ancienne ville de résidence des souverains est de style néo-classique. C'est à l'architecte Rudolf Burnitz qu'on doit le château neuf, un bâtiment comportant trois ailes ; quant à l'église paroissiale Sankt Jakob, elle a été conçue par Michel d'Ixnard. L'Art nouveau a laissé son empreinte dans le centre ville de Albstadt-Ebingen : l'église Sankt Martin, l'hôtel de ville, et la Galerie Albstadt en sont les témoins. Par ailleurs, les anciennes usines de Ebingen et de Tailfingen valent également un détour.

Le château de Hohenzollern, le monument le plus connu du Zollernalb par ses célèbres tourelles et créneaux, est un fleuron du historisme. Friedrich August Stüler, élève de Karl Friedrich Schinkel, fut chargé de sa construction en 1846. Les inestimables vitraux moyenâgeux de la Michaelskapelle proviennent de l'abbaye de Stetten.

Le Zollernalb doit sa réputation de centre d'art contemporain à la Galerie Municipale de Albstadt qui s'enorgueillit d'une collection d'arts graphiques du 20e siècle mondialement connue, et notamment des œuvres d'Otto Dix. Ces dernières années, Balingen a fait parler d'elle avec de grandes expositions temporaires de Chagall, Picasso et Monet. Par ailleurs, l'écrivain Peter Härtling a écrit, tout spécialement pour le théâtre Lindenhof de Burladingen-Melchingen, la pièce « Die Melchinger Winterreise ».

A n'en pas douter, le Zollernalb se prête bien aux histoires.

Karin Gessler

Auf dem Einband:
Die Burg Hohenzollern

Einbandrückseite:
Schafherde bei Bitz

Vorderes Vorsatzblatt:
Der Zoller ragt aus dem Frühnebel.

Hinteres Vorsatzblatt:
Vom Böllat aus kann man bei guter Sicht die Höhen des Nordschwarzwalds erblicken.

Cover photo:
Castle Hohenzollern

Back cover:
Flock of sheep near Bitz

Front inside cover:
The Zoller, rising out of the early morning fog.

Back inside cover:
On a day with a clear view, you can see the heights of northern part of the Black Forest from Böllat.

Couverture:
Le château de Hohenzollern

Quatrième de couverture:
Troupeau de moutons près de Bitz

Page de garde avant:
Le Zoller émerge du brouillard matinal.

Page de garde arrière:
Du Böllat, par beau temps, on peut apercevoir les hauteurs du nord de la Forêt-Noire.

2. Auflage 2012

Fotos: S. 30: Rolf Maurer, Stuttgart;
S. 74 Gerhard Gonser, Albstadt.
Alle anderen Fotos: Rainer Fieselmann.
Übersetzung ins Englische:
Hamida Aziz, Tübingen.
Übersetzung ins Französische:
Claudine und Jürgen Bartelheimer, La Menitré.
Umschlag und Karte:
Anette Wenzel, Tübingen.
Bildlegenden:
Silke Hirzel, Stuttgart.

Druck: Gulde-Druck, Tübingen.
Printed in Germany.

ISBN 978-3-87407-651-7

Die Schwäbische Alb im Buch

In Ihrer Buchhandlung

Reiner Enkelmann
Dieter Ruoff
Wolfgang Wohnhas

Der Albtrauf

Natur und Kultur zwischen Ries und Randen

Ein landeskundlicher Streifzug mit schönen Aufnahmen und fundierten, leicht verständlichen Beschreibungen.

160 Seiten, 177 Farbabbildungen, fester Einband. ISBN 978-3-87407-892-4

Eberhard Neubronner

Steine im Brot

Dorfleben auf der Alb. Fotografien von 1850 bis 1950

Eberhard Neubronner zeigt mit diesen meist erstmals veröffentlichten Fotos aus den Jahren zwischen 1850 und 1950 hundert Jahre Alltag auf der Schwäbischen Alb. Er veranschaulicht die einstige ländliche Arbeits- und Lebenswelt vom Härtsfeld bis zum Heuberg, vom Trauf bis zum Donautal. Ein berührender Rückblick ohne falsche Romantik.

160 Seiten, 209 teilweise farbige Abbildungen, fester Einband. ISBN 978-3-87407-838-2

Eberhard Neubronner

Nägel am Schuh

Landleben auf der Alb. Fotografien von 1890 bis 1950

Mit großer Sympathie holt Neubronner frühere Älbler mit erstmals publizierten Fotos in die Gegenwart. Lenkt »Steine im Brot« den Blick auf das Leben im Dorf, zeigt »Nägel am Schuh« Bilder vom Alltag außerhalb der Siedlungen – auf dem Feld, im Wald, zwischen Dörfern.

160 Seiten, 200 teilweise farbige Abbildungen, fester Einband. ISBN 978-3-87407-890-0

Silberburg-Verlag

www.silberburg.de